가정폭력 · 성폭력의 이해와 개입

일러두기

본 위기개입워크북과 매뉴얼에 제시되는 사례는 효과적인 교육과 훈련을 위해 집
필진이 구성한 가상 사례이다. 현장에서의 실제 위기개입의 예를 보여주는 위기개
입동영상은 출연진으로부터 저작과 영상물 이용에 대한 동의를 받아 제작하였다.

On - Scene Crisis Intervention

현장에서의 위기개입

Domestic and Sexual Violence

가정폭력·성폭력의 이해와 개입

목 차
Contents

폭력의 이해

폭력의 이해

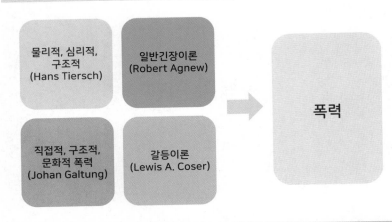

_____

_____

_____

_____

_____

_____

폭력의 이해

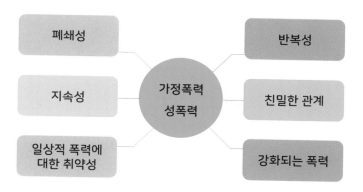

폭력의 이해

폭력에 대한 허용 정도

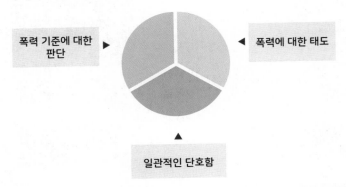

02

가정폭력

가정폭력

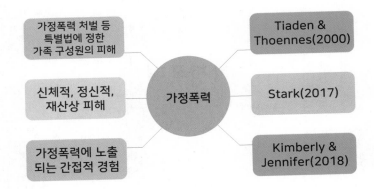

가정폭력의 이해

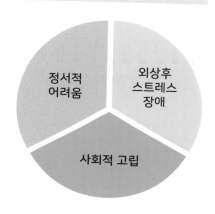

가정폭력의 이해

도움 요청을 어렵게 하는 요인

Sullivan
(2011)

- 낙인 찍히는 것에 대한 염려
- 배우자나 가족을 떠나는 것에 대한 두려움
- 보복에 대한 걱정
- 양육권 상실 및 경제적 어려움에 대한 우려
- 외부 서비스의 필요는, 주변의 도움이 필요 없다는 것을 강요 받게 함
- 기관 구성원의 사회문화적 역량 및 다양성 부재
- 서비스가 제공할 수 있는 것과 사용자의 실제 욕구에서 오는 차이

가정폭력의 특성

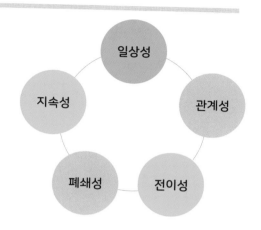

_____

_____

_____

_____

_____

_____

스트레스 반응 이론

가벼운 타박상에서 심각한 골절이나 사망에 이르기 까지, 해를 입힐 의도 여부와 관계없이 폭력으로 간주됨 ▶ 신체적 폭력

정서적 언어적 폭력 ◀ 객관적 입증이 어려우며, 공포와 수모를 통한 지배 수단으로 다른 유형의 폭력에 앞서거나 동반될 수 있음

강요된 성관계나 성적인 수모를 포함함 ▶ 성적 폭력

방임 ◀ 물리적, 정서적, 의학적, 교육적 방임

가정폭력의 영향

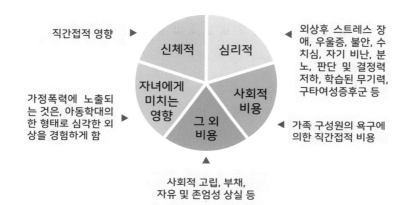

직간접적 영향 ▶

신체적

심리적

자녀에게 미치는 영향

사회적 비용

그 외 비용

외상후 스트레스 장애, 우울증, 불안, 수치심, 자기 비난, 분노, 판단 및 결정력 저하, 학습된 무기력, 구타여성증후군 등 ◀

가정폭력에 노출되는 것은, 아동학대의 한 형태로 심각한 외상을 경험하게 함 ▶

가족 구성원의 욕구에 의한 직간접적 비용 ◀

▲

사회적 고립, 부채, 자유 및 존엄성 상실 등

가정폭력의 이론적 접근

1) 가족 체계적 접근

2) 개인 심리학적 접근

3) 사회학습이론 접근

4) 인지 행동적 접근

5) 여성주의적 접근

가정폭력에 대한 신화

1) 도발에 의한 것이다

2) 비정상적인 가정에서 발생한다

3) 물질 남용이 원인이다

4) 사회계층이나 문화적 산물이다

5) 정신적 문제가 있는 사람에 의한 것이다

평가

1) 위험성 평가

2) 위험요인 평가

3) 인지적 정서적 평가

4) 아동학대 평가

5) 가정의 안정성 평가

개입할 때 고려사항

- 구두 및 서면 동의서 사용
- 서면동의서에는 무엇이 평가되며 누구에게 제공되는지 언급함
- 전문가의 중립적인 평가
- 폭력 및 학대가 의심되면 관련 기관이나 평가자에게 보고
- 최초 작성된 자료 및 중립적인 정보에 대한 부가적 검토 필요

개입할 때 고려사항

- 당사자의 증언 능력 손상 및 오염, 영향을 미칠 가능성 배제
- 사건에 대해 어떤 이야기가 있었으며, 누가 먼저 논의했는
  지 등에 대한 문서화
- 복잡하거나 중요한 사례는 녹음하고, 위기개입자가 증언
  에 영향을 미치거나 절충시켰다는 왜곡을 피함
- 증언에 영향을 미치지 않는 범위에서, 실제 사실보다 사건
  에 대해 어떻게 느끼는지에 집중하도록 개입

개입

* 위급한 상황이 아니라면 피해 가족의 욕구에 관심을 기울이고, 우선순위와 가능성 여부 및 대안을 제시함

* 피해 가족이 무엇을 해야 할지 혼란스러울 경우, 계속 머물 것인지 떠날 것인지를 우선 검토하도록 제안함

* 피해 가족이 자신의 선택을 결정하고 행동할 수 있도록 도움

가정폭력 위기개입 모델(SAFER-R MODEL)

| 안정화 (stabilize) | 위기 인정하기 (acknowledge the crisis) | 이해 촉진하기 (facilitate understanding) | 효과적인 대처권장하기 (encourage effective coping) | 회복/의뢰 (recovery / referral) |

(Everly, 1996)

가정폭력 위기개입 모델(S: 안정화)

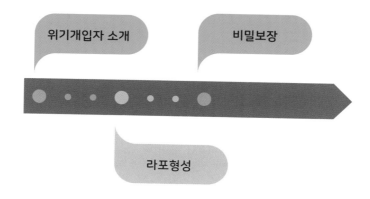

가정폭력 위기개입 모델(S : 안정화)

1) 자기소개

- 위기개입자의 소속, 역할 및 규칙에 대한 설명

- "안녕하세요, 저는 ○○의 ○○입니다. 이 시간을 통해 ○○님의 ○○에 도움을 드릴 것이며 ○○(시간) 동안 진행될 것입니다."

2) 비밀보장

- 비밀보장에 대한 약속 및 자살, 타인에 대한 살해나 폭행 등 위해를 가하는 일, 법과 관련한 사항에 대한 비밀보장 한계에 대해 보고의무 고지

- "오늘 나누는 이야기는 비밀이 보장됩니다. 그러나 자신이나 타인을 해칠 가능성 및 법과 관련한 경우, 도움을 청하기 위해 비밀보장을 해 드릴 수 없습니다."

가정폭력 위기개입 모델(S : 안정화)

3) 라포 형성

- 위기 개입은 시간 제한적으로, 지지적인 태도 및 언어적 비언어적 의사소통 방식을 효율적인 도구로 활용

- 따뜻한 차를 권하거나 이완 호흡 등을 통해 긴장완화 도모

- "힘 드셨을 텐데 용기 내 주셔서 감사합니다. 편안한 마음으로 원하시는 만큼 이야기 해 주십시오."

가정폭력 위기개입 모델(A: 위기 인정하기)

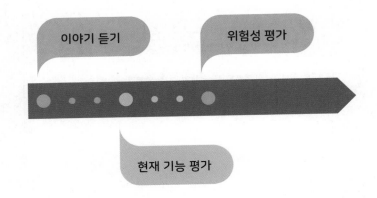

가정폭력 위기개입 모델(A: 위기 인정하기)

1) 이야기 듣기

- 기본적인 의사소통 기법 활용
- 사건에 대한 고통 및 정서를 이야기할 수 있도록 기회 제공
- 외상 경험을 촉진시킬 위험이 있는 경우 정서 접촉에 주의
- 피해 사실에 대한 기록은 당사자의 언어로 기록
- 해당 사건에 대한 적절한 개입 방향 설정

2) 위험성 평가

- 반복적인 피해 가능성이 확인되면, 피해 상황을 벗어나지 못하는 장애물 확인
- 현재 상해 정도 및 폭력의 지속기간 확인
- 미성년 자녀 유무 및 피해 여부 확인
- 가해 가족과 분리 필요
- 신체적 위험에 노출된 경우, 관련 기관 연계

가정폭력 위기개입 모델(A : 위기 인정하기)

3) 현재 기능 평가

- 오랜 기간의 폭력 피해로, 무기력한 상태일 가능성에 대해 인지
- 가족이 지지 자원이 아닐 수도 있음을 인지
- 사건에 대한 이야기는, 혼란스러움 대신 인지능력을 사용하도록 도움

가정폭력 위기개입 모델(A: 위기 인정하기)

- "무슨 일이 일어났는지 이야기해 주실 수 있을까요?"

- "최근의 폭력은 언제 있었나요?"

- "언제부터 폭력이 시작 되었나요?"

- "폭력이 발생할 때 어떤 방식으로 반응 하시나요?"

- "치료가 필요한 상황 이신가요?"

- "피해 사실에 대해 다른 사람에게 이야기하신 적 있으세요?"

- "이렇게 힘든 상황에서 자살생각을 한 적 있으신가요?"

- "지금은 좀 어떠신가요?"

가정폭력 위기개입 모델(F: 이해 촉진하기)

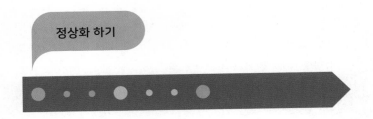

정상화 하기

가정폭력 위기개입 모델(F: 이해 촉진하기)

1) 정상화

- 인지적 영역에 속하는 단계로 사건 및 증상 등 이전 단계에서 획득한 정보에 적극적인 반응을 하게 됨
- 심리적 과정에 대한 인지적 영역 측면의 이해가 필요함
- 비정상적 사건에 대한 반응이, 정상적인 것임을 지각하도록 도움

가정폭력 위기개입 모델(F: 이해 촉진하기)

- "가정폭력 피해를 입은 많은 분들이 우울감과 무기력감을 느낀다고 하는데, ○○님이 지금 경험하는 증상들은 일반적이며 정상적인 반응일 것으로 생각됩니다."
- "지금 가장 힘든 부분이 어떤 것인지 말씀해 주시겠어요?"

가정폭력 위기개입 모델(E : 효과적인 대처 권장하기)

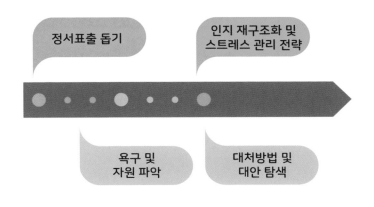

정서표출 돕기

인지 재구조화 및
스트레스 관리 전략

욕구 및
자원 파악

대처방법 및
대안 탐색

가정폭력 위기개입 모델(E: 효과적인 대처 권장하기)

- 가장 적극적인 개입이 이루어지는 단계로 행동 기제를 적용하게 됨

- 심리적 행동적 개입을 통해 정서 표출, 문제해결 및 갈등해결 능력, 자기효능감, 인지 재구조화, 스트레스 관리 전략 등 다양한 측면에서 탐색하도록 도움

가정폭력 위기개입 모델(E: 효과적인 대처 권장하기)

1) 욕구 및 자원 파악

- 획일적인 접근이 아닌 개별성을 인식하고 피해 가족의 정확한 욕구를 파악함
- 지지 자원을 발굴하도록 도움

- "어떤 도움이 필요하신가요?"
- "피해 사실에 대해 지금 알리게 된 특별한 이유가 있으신가요?"
- "지금 고통을 좀 가라앉히기 위해 어떤 것이 가능 하시겠어요?"

가정폭력 위기개입 모델(E: 효과적인 대처 권장하기)

2) 대처방법 및 대안 탐색

- 지원 정보에 대한 정기적인 확인 및 제공
- 피해 가족의 욕구 충족이 불가능할 경우, 이유를 설명하고 합의된 대안 탐색
- 대처방법이나 대안 찾기 어려운 경우, 최선의 선택이 가능하도록 다양한 정보 제공
- 전문적인 도움을 원하지 않는 경우, 피해가 재발하지 않도록 정보 제공

가정폭력 위기개입 모델(E: 효과적인 대처 권장하기)

2) 대처방법 및 대안 탐색

- "지금까지 폭력 상황을 벗어나기 위해 어떤 것을 시도해 보셨나요?"
- "성공적인 경험과 그렇지 못했던 경험에 대해 이야기 해 주시겠어요?"
- "○○님의 안전을 위해 ○○을 자극하거나 맞서는 상황은 피하셨으면 합니다."
- "피해 사실을 남기는 것이 좋은데, 경찰에 신고하시는 것도 기록으로 남기는 방법입니다."

가정폭력 위기개입 모델(R: 회복/의뢰)

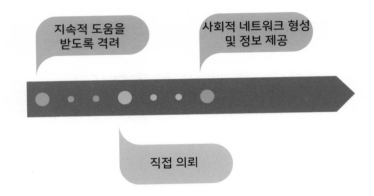

지속적 도움을 받도록 격려

사회적 네트워크 형성 및 정보 제공

직접 의뢰

가정폭력 위기개입 모델(R : 회복/의뢰)

- 지속적인 도움을 받을 수 있도록 촉진하는 단계

- 피해 가족의 요청이 있거나 일상적인 생활에 문제가 있다고 판단될 경우 실시

- 의뢰하는 경우, 당사자에게 충분한 설명 및 관련기관 정보를 문서로 제공

- 진술을 반복하지 않도록 담당자에게 직접 연계해, 피해 가족의 불안을 가중시키지 않도록 함

가정폭력 위기개입 모델(R: 회복/의뢰)

- "저와 이야기 나눈 지금은 좀 어떠신가요?"

- "궁금하거나 더 하고 싶은 이야기가 있으신가요?"

- "도움이 필요하시면 OO의 OO에 요청하시면 됩니다, 원하시는 도움을 받으실 수 있도록 하겠습니다."

가정폭력의 위기개입의 실제

SAFER-R
MODEL

- 가족 구성원에 대한 폭력

- 아동 학대

03

성폭력

성폭력의 이해

성적 자기결정권 및 성적 자유 침해

성적 수치심, 모욕감 등 일체의 강제적 행위

주관적이고 포괄적인 개념

사적영역으로, 개인에게 미치는 영향 및 피해정도 다름

→ 성폭력

성폭력의 특성

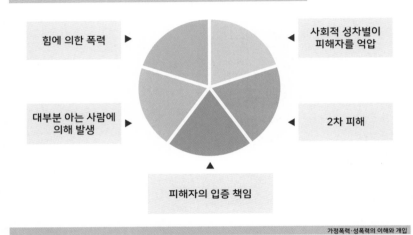

힘에 의한 폭력 ▶

사회적 성차별이 피해자를 억압 ◀

대부분 아는 사람에 의해 발생 ▶

2차 피해 ◀

▲
피해자의 입증 책임

성폭력의 영향

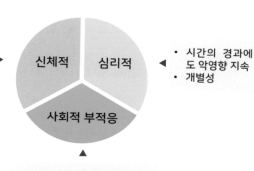

- 산부인과 계통의 외상, 성병 감염, 낙태, 기타 상해 등 매우 다양
- 피해자 모두 반드시 신체적 손상을 입는 것은 아님

신체적　심리적

사회적 부적응

- 시간의 경과에도 악영향 지속
- 개별성

사회적 고립 및 대인관계 어려움

성폭력의 유형

대상 연령별	• 아동 성폭력 • 청소년 성폭력 • 성인 성폭력

성폭력의 유형

관계별	• 모르는 사람에 의한 성폭력 • 친족 성폭력 • 아내 성폭력 • 직장 내 성폭력 • 데이트 성폭력

성폭력 발생원인

사회문화적 접근	사회문화적 인식에서 비롯되는, 성적 불평등 및 그에 따른 성차별적 권력구조에서 야기됨

성폭력 발생원인

심리적 접근	잠재의식에 내재된 성적 호기심이나 발산 욕구 등이 제도권 밖에서 발현되는 사회 일탈 현상

아동 성폭력에 대한 접근 필요성

- 신체적, 심리적으로 미성숙한 발달상태에서 폭력에 노출되기 때문에 성인 피해자에 비해 심각하고 만성적인 피해를 입게 됨
- 대부분 아는 사람에 의한 피해로, 친족에 의한 피해가 다수를 차지함
- 피해 사실을 말하기 어려운 환경으로, 일회성에 그치는 경우는 드묾
- 성폭력은 반복적이고 강화되며, 후유증은 중증화 경향을 보임
- 성인기 우울감, 불안, 고립감, 낮은 자존감, 자해 및 자살 등의 자기 손상적 행동, 약물 남용, 성폭력에 의한 재피해 등 장기적인 악영향

아동 성폭력의 정의

세계보건기구

- 아동이 충분히 이해되지 않은 상태
- 성행위에 대해 동의를 표현할 수 없는 상황
- 성행위를 동의 할 만큼 충분히 발달하지 않은 상태
- 불법적이고 사회적으로 금기시되는 상황

아동 성폭력의 유형

- 성기 삽입
- 구강, 항문 등 신체의 일부나 도구를 이용한 유사 성교 행위
- 신체 전부 혹은 일부 접촉, 노출하는 행위로 성적 수치심이나 혐오감을 일으키는 행위
- 자위행위를 하도록 유도하거나 보여주는 행위
- 아동을 이용해 음란물을 제작하는 행위

아동 성폭력의 유형

- 아동에게 음란물을 보여주는 행위
- 전화, 우편 그 외 통신매체를 이용해 성적 수치심이나 혐오감을 일으키는 말, 음향, 글, 그림, 영상을 보여주는 행위
- 매매 행위
- 성을 사기 위해 아동을 유인하거나 성을 팔도록 권하는 행위

아동 성폭력의 영향

약간 울적한 모습이거나 아무렇지 않은 것처럼 행동 ▶ 지연 혹은 침묵 | 명백한 증상 ◀ 일상에서의 여러 가지 부적응적인 변화

But,

▲ 피해 아동을 둘러싼 주위 반응, 평가, 대처에 따라 달라질 수 있음

아동 성폭력의 영향

1) 피해증상
- 신체적 측면
- 심리적 측면
- 행동적 측면

아동 성폭력의 영향

일반적인 증상

- 갑작스럽거나 점차적인 행동 및 성격 변화

- 악몽을 포함한 수면 문제

- 우울

- 친구나 가족에서 철회

- 성적인 유혹

- 나이와 맞지 않는 노골적인 성 행동

아동 성폭력의 영향

일반적인 증상

- 다른 아동, 성인, 장난감 혹은 동물을 대상으로 한 성적 행동

- 자신의 몸에 뭔가 문제가 있다는 표현

- 자신의 몸이 더럽거나 손상되거나 성부 부분을 다쳤다고 함

- 등교 혹은 일상적인 활동 거부

- 비행이나 다른 품행 문제

- 비밀스러움

아동 성폭력의 영향

일반적인 증상

- 그림에 성적인 표현

- 평소답지 않거나 이상한 행동

- 위험 추구 혹은 자기 파괴적 행동

- 자살에 대한 이야기

- 이유를 알 수 없는 울음 또는 침울함

아동 성폭력의 영향

2) 증상에 영향을
미치는 요인

- 피해자의 나이
- 피해자의 정서적 성숙
- 폭행의 유형
- 성 학대와 관련한 정서적 조종
- 반복된 폭행
- 가해자와의 관계
- 타인의 반응
- 치료 및 지원

성폭력 위기개입 모델(SAFER-R MODEL)

안정화
(stabilize)

위기 인정하기
(acknowledge
the crisis)

이해 촉진하기
(facilitate
understanding)

효과적인
대처권장하기
(encourage
effective
coping)

회복/의뢰
(recovery
/ referral)

(Everly, 1996)

성폭력 위기개입 모델(S: 안정화)

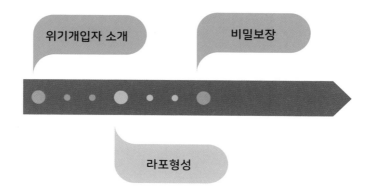

성폭력 위기개입 모델(S : 안정화)

1) 자기소개

- 위기개입자의 소속, 역할 및 규칙에 대한 설명

- "안녕하세요, 저는 ○○의 ○○입니다. 이 시간을 통해 ○○○님의 ○○에 도움을 드릴 것이며, ○○(시간) 동안 진행될 것입니다."

2) 비밀보장

- 비밀보장에 대한 약속 및 자살, 타인에 대한 살해나 폭행 등 위해를 가하는 일, 법과 관련한 사항에 대한 비밀보장 한계에 대해 보고의무 고지

- "오늘 나누는 이야기는 비밀이 보장됩니다. 그러나 자신이나 타인을 해칠 가능성 및 법과 관련한 경우, 도움을 청하기 위해 비밀보장을 해 드릴 수 없습니다."

성폭력 위기개입 모델(S: 안정화)

3) 라포 형성

- 위기 개입은 시간 제한적으로, 지지적인 태도 및 언어적 비언어적 의사소통 방식을 효율적인 도구로 활용

- 따뜻한 차를 권하거나 이완 호흡 등을 통해 긴장완화 도모

- 자신의 피해를 알리고자 한 용기 지지

- 많은 시간 고민을 통한 이야기힘에 대한 인식과 기다림 필요

- 2차 피해 가능성 제거를 위해, 편견이나 사회적 통념 점검

성폭력 위기개입 모델(S: 안정화)

3) 라포 형성

- "힘드셨을 텐데 용기 내 주셔서 감사합니다. 편안한 마음으로 원하시는 만큼 이야기 해 주십시오."

- "많은 시간 고민하셨을 텐데 이렇게 용기 내 주셔서 고맙습니다."

- "편하게 생각하시고 준비되시면 이야기해 주세요. 그때까지 기다리겠습니다."

성폭력 위기개입 모델(A : 위기 인정하기)

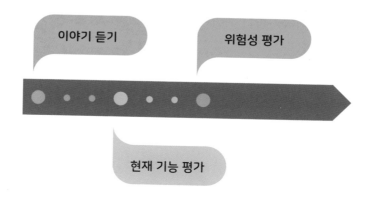

성폭력 위기개입 모델(A: 위기 인정하기)

1) 이야기 듣기

- 기본적인 의사소통 기법 활용
- 사건에 대한 고통 및 정서를 이야기할 수 있도록 기회 제공
- 외상 경험을 촉진시킬 위험이 있는 경우 정서 접촉에 주의
- 피해 사실에 대한 기록은 당사자의 언어로 기록
- 해당 사건에 대한 적절한 개입 방향 설정

2) 위험성 평가

- 반복적인 피해 가능성이 확인되면, 피해 상황을 벗어나지 못하는 장애물 확인
- 현재 상해 정도 및 성폭력의 지속기간 확인
- 가해자에 대한 정보 파악

성폭력 위기개입 모델(A: 위기 인정하기)

3) 현재 기능 평가

- 성폭력 피해로 인한 기능저하 여부 파악

- 가족이 지지 자원이 아닐 수 있음을 인지

- 사건에 대한 이야기는, 혼란스러움 대신 인지능력을 사용하도록 도움

성폭력 위기개입 모델(A: 위기 인정하기)

- "괜찮으시면 그 일에 대해 조금 더 이야기 해 주실 수 있으신가요?"

- "그 사건이 언제 일어났나요?"

- "지금 진료나 치료가 필요한 상태인가요?"

- "그 사람과 현재 어떻게 지내고 계세요?"

- "임신 여부는 확인해 보셨어요?"

- "피해 사실에 대해 다른 사람에게 이야기해 보신 적 있으세요?"

성폭력 위기개입 모델(A: 위기 인정하기)

- "주변에서 내 탓을 할 때, 혼자인 기분 같고 더 힘들었을 것 같은데 어떠세요?"

- "말씀 들으니 상대에 대해 두려움과 배신감, 자책감이 느껴져 힘드셨을 것 같습니다. 이렇게 힘든 상황에서 자살 생각을 한 적이 있으신지요?"

- "하루 일과를 어떻게 보내고 계세요?"

- "지금은 좀 어떠신가요?"

성폭력 위기개입 모델(F: 이해 촉진하기)

정상화 하기

성폭력 위기개입 모델(F: 이해 촉진하기)

1) 정상화

- 인지적 영역에 속하는 단계로 사건 및 증상 등 이전 단계에서 획득한 정보에 적극적인 반응을 하게 됨

- 심리적 과정에 대한 인지적 영역 측면의 이해가 필요함

- 비정상적 사건에 대한 반응이, 정상적인 것임을 지각하도록 도움

성폭력 위기개입 모델(F: 이해 촉진하기)

1) 정상화

- 피해자가 특히 걱정하는 부분 및 사회적 통념과 편견 확인
- 왜곡된 신념 점검하도록 적절한 지지 제공
- 가족이나 주변 사람에게 피해자 정서 상태의 특수성 인식시킴
- 피해자에게 말하도록 강요해서는 안 된다는 것을 이해시킴
- 사건에 대한 구체적인 서술을 강요하지 않을 때, 더 개방적인 보고가 이루어짐

성폭력 위기개입 모델(F: 이해 촉진하기)

- "성폭력 피해를 입은 많은 분들이 수치심과 죄책감, 무력감을 느낀다고 합니다. ○○님 이 지금 경험하는 반응은 일반적이며 정상적인 것으로 생각됩니다."

- "내가 조심하지 못하고 제대로 저항하지 못해 일어난 일이라고 생각하는 경우가 많은 데 ○○님의 잘못이 아닙니다."

- "○○님이 무엇을 했든 하지 않았든 그것이 성폭력을 허락한다는 뜻은 아니니 자책하 지 않으셨으면 좋겠어요."

- "지금 가장 힘든 부분은 어떤 것인지 말씀해 주시겠어요?"

성폭력 위기개입 모델(E: 효과적인 대처 권장하기)

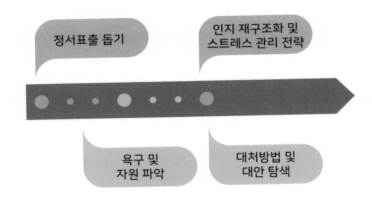

정서표출 돕기

인지 재구조화 및 스트레스 관리 전략

욕구 및 자원 파악

대처방법 및 대안 탐색

성폭력 위기개입 모델(E: 효과적인 대처 권장하기)

- 가장 적극적인 개입이 이루어지는 단계로 행동 기제를 적용하게 됨

- 심리적 행동적 개입을 통해 정서 표출, 문제해결 및 갈등해결 능력, 자기효능감, 인지 재구조화, 스트레스 관리 전략 등 다양한 측면에서 탐색하도록 도움

성폭력 위기개입 모델(E: 효과적인 대처 권장하기)

1) 욕구 및 자원 파악

- 획일적인 접근이 아닌 개별성을 인식하고 피해 가족의 정확한 욕구를 파악함
- 지지 자원을 발굴하도록 도움
- 법적 처벌을 결정할 경우, 충분한 검토와 심리적 준비 필요

- "어떤 도움이 필요하신가요?"
- "피해 사실에 대해 지금 알리게 된 특별한 이유가 있으신가요?"
- "지금 고통을 좀 가라앉히기 위해 어떤 것이 가능하시겠어요?"

성폭력 위기개입 모델(E: 효과적인 대처 권장하기)

2) 대처방법 및 대안 탐색

- 지원 정보에 대한 정기적인 확인 및 제공
- 욕구 충족이 불가능할 경우, 이유를 설명하고 합의된 대안 탐색
- 대처방법이나 대안 찾기 어려운 경우, 최선의 선택이 가능하도록 다양한 정보 제공
- 전문적인 도움을 원하지 않는 경우, 피해가 재발하지 않도록 정보 제공

성폭력 위기개입 모델(E: 효과적인 대처 권장하기)

2) 대처방법 및 대안 탐색

- "지금 겪고 계신 어려움에 대한 대안을 생각해 볼 수 있을까요?"

- "가해자와 ○○님이 직접 연락을 취하는 방법은 권하지 않습니다."

- "상대방과 주고받은 문자, 사진 등이나 그 외 직간접적 접촉은 문서화 하거나 기록을 남기시는 것이 좋습니다."

성폭력 위기개입 모델(R : 회복/의뢰)

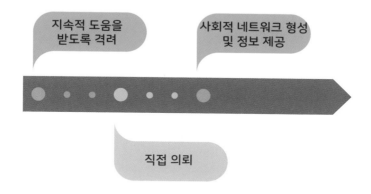

성폭력 위기개입 모델(R: 회복/의뢰)

- 지속적인 도움을 받을 수 있도록 촉진하는 단계

- 피해자 요청이 있거나 일상적인 생활에 문제가 있다고 판단될 경우 실시

- 의뢰하는 경우, 당사자에게 충분한 설명 및 관련기관 정보를 문서로 제공

성폭력 위기개입 모델(R: 회복/의뢰)

- 진술을 반복하지 않도록 담당자에게 직접 연계해, 불안을 가중시키지 않도록 함

- 강간사건의 경우, 사건 발생 72시간 안에 관련기관에 연계

- 단회 개입으로 종결되지 않음을 인식

성폭력 위기개입 모델(R: 회복/의뢰)

- "저와 이야기 나눈 지금은 좀 어떠신가요?"

- "지금 어려움이 금방 해결되지 않더라도 용기 내시고 원하시는 결과가 있으시길 바라겠습니다."

- "궁금하거나 더 하고 싶은 이야기가 있으신가요?"

- "도움이 필요하시면 ○○의 ○○에 요청하시면 됩니다. 원하시는 도움을 받으실 수 있도록 하겠습니다."

성폭력 위기개입의 실제

SAFER-R
MODEL

- 성인 성폭력
- 청소년 성폭력
- 아동 성폭력

폭력 위기 개입 개관

S	위기개입자 소개, 비밀보장, 라포 형성, 진행과정에 대해 이야기하기
A	이야기 듣기, 위험성 평가, 현재 기능 평가
F	정상화/타당화하기, 반응에 대한 이해와 탐색
E	욕구 및 지원 파악, 대처 방법 및 대안 탐색
R	정보제공, 전문가에게 의뢰, 추후관리 계획

부록

현장에서의 위기개입의 실제

1. 가정폭력 위기영역

가정폭력 위기 개입 사례 영상

갓난아기를 둔 ○○씨는 결혼 초기부터 남편의 폭언과 폭행에 시달리고 있다. ○○씨의 남편은 평범한 직장인으로 별다른 문제없이 원만한 사회생활을 하고 있지만 집에서는 다른 사람처럼 돌변한다. 더욱이 술을 마시면 폭력적인 행동이 더 심해지며 ○○씨에게 요구하는 것들이 늘어나고 사사건건 탐탁지 않아 한다. 남편의 기분에 따라 폭력적인 상황이 일어나니 종잡을 수 없고 ○○씨는 늘 불안하다. 몇 번 대들어보기도 했으나 역부족이고 더 난폭해지는 남편 때문에 마음이 아프다. 가출이나 이혼에 대해 생각해봤지만 친정식구들에게 해코지를 할 것 같고 갓난아기와 나가서 살아갈 일이 막막하다. 아이를 아빠 없는 이혼가정에서 자라게 하고 싶지 않고, 무엇보다 남편에게 맞설 용기가 없다. 아이를 위해서라도 어떻게든 남편이 화나는 상황을 만들지 않으려고 노력하며 비위를 맞추고 있다.

그런데 요즘 들어 남편의 폭력이 점점 더 심해지고 아이에게까지 욕을 하고 때릴 듯이 위협을 가한다. ○○씨는 자신이 맞는 것은 참겠지만 아이가 이후에 커서까지 위험에 빠지는 것은 참을 수 없다. 남편을 죽이고 싶을 정도로 증오하고 차라리 사고라도 나서 죽어버렸으면 좋겠다는 생각이 든다. 그동안 나만 참으면 되겠거니 했지만 이제는 아이를 위해서라도 어디든 도움을 구해봐야겠다는 마음이고 오늘 남편의 폭행으로 경찰에 신고를 했다.

※ SAFER-R MODEL 개입

안정화 단계(stabilize)

– 위기개입자: 안녕하세요, 저는 △△경찰서의 △△경장입니다. 가정폭력으로 신고하셔서 왔습니다. 지금 말씀하시기 괜찮으신가요?

– 가정폭력피해자: 남편은 어디 있나요?

– 위기개입자: 같이 온 경찰이 밖으로 데리고 나갔습니다.

– 가정폭력피해자: 네 좀 도와주세요. 너무 힘들어요.

– 위기개입자: 네…. 많이 힘들어 보이시네요. 저는 오늘 ○○님에게 어떤 도움이 필요한지 어떻게 도와드릴 수 있는지 10분에서 15분가량 이야기를 나눌 겁니다. 오늘 이야기는 비밀보장 해 드리며, 다만 ○○님 자신이나 다른 사람을 해칠 가능성이 있을 경우, 또는 법적인 문제와 관련되는 경우는 비밀보장을 해드릴 수 없습니다. 지금 많이 힘들어 보이시는데 숨을 크게 들이쉬고 내쉬어 보시겠어요?

– 가정폭력피해자: (떨리고 불안한 모습으로 숨을 크게 들이쉬고 내쉬어 본다)

위기인정 단계(acknowledge the crisis)

- **위기개입자**: 말씀하시기 괜찮으시면, 어떤 일이 있었는지 이야기해 주시겠어요? 충분히 기다릴 수 있으니 천천히 말씀하셔도 됩니다.

- **가정폭력피해자**: 아까 전화할 때 남편이 갓난아기를 때릴 것처럼 위협하고 욕을 하는데 너무나 무서웠어요. 한번씩 이럴 때마다 너무 무섭고 어떻게 해야 할지…. 저한테 그러는 건 참고 버텨왔는데 아이가 크면 더 할 거잖아요. 아이를 지키고 싶어요.

- **위기개입자**: 네, 놀라셨겠네요. 다행히 아이에게 물리적인 폭력이 있었던 건 아닌 것 같은데 ○○님은 어떠세요, 다친 곳이 있으신가요?

- **가정폭력피해자**: 아까 머리랑 여러 곳을 맞기는 했는데 크게 다친 것 같지는 않아요.

- **위기개입자**: 아, 그럼 ○○님에게 남편의 직접적인 폭력이 있었다는 건데 병원치료가 필요하신가요?

- **가정폭력피해자**: 모르겠어요. 아직 정신이 없어서 아픈지도 모르겠어요. 일단 지금 당장 병원에 갈 수는 없어요. 아이도 걱정이 되고.

- **위기개입자**: 네…. 남편의 폭력이 있을 때마다 힘드셨을 것 같은데 주변에 도움을 청하거나 피해사실을 이야기해 보신 적 있으세요?

- **가정폭력피해자**: 아니요, 그 사람이 나가서는 그렇게 좋은 사람일 수 없어요. 다른 사람들이 내 이야기를 있는 그대로 받아들일까 싶고 내 탓이라고 할 것도 같고. 안 당해 본 사람들이 뭘 알겠어요. 남들한테 이야기하는 게 창피하기도 하고, 남들이 어떻게 생각할까 싶기도 하고…. 걱정하실까 봐 친정에는 말도 못 꺼내죠. 내가 어떻게든 맞추면 나아지겠지 싶기도 했고, 때리고 난 다음에는 미안하다고 사과도 하고 잘해줬거든요.

- **위기개입자**: 주로 어떤 상황에서 남편이 폭력을 쓰나요, 그리고 그럴 때 ○○님은 어떻게 대응하세요?

- **가정폭력피해자**: 글쎄요, 어떤 때 그렇다고 딱 말하기 쉬우면 조심하기

89

쉽겠죠. 잘 모르겠어요. 시도 때도 없이 그런 것 같으니…. (잠시 생각) 생각해 보면, 밖에서 안 좋은 일이 있을 때 더 그런 거 같네요. 들어올 때부터 기분이 안 좋아있거든요. 그럴 때는 더 긴장하고 조심하는데 뭐가 그리 못마땅한지 집이 지저분하다, 국이 짜다, 아이가 징징거린다…. 마치 우리 가족이 남편의 소유물 같아요, 자기 마음대로 해도 되는.

─ 위기개입자: 남편의 기분에 따라 좌지우지되는 상황 같네요, 밖에서 스트레스받고 들어오는 날 유독 더 그렇고요. 예측이 어려우니 더 불안하시겠어요. 그럴 때 어떻게 하세요?

─ 가정폭력피해자: 예전에는 왜 그러냐고 따지기도 하고 달래도 보고 설득도 해 보고 했죠. 그런데 다 소용없더라고요.

─ 위기개입자: 네, 폭력적인 상황을 만들지 않으려고 여러 시도를 해 보시고 애 쓰셨네요. 말씀 들어보니 이런 상황이 꽤 오래 전부터 있었는데 신고는 처음이시네요. 어떤 계기가 있으셨어요?

─ 가정폭력피해자: 그동안은 저만 당하면 됐는데 오늘은 애들을 때리려고 하더라고요. 참고 살아보려 했지만, 아이가 위험해지는 건 견딜 수 없어요. 아이가 우는데…. 남편을 죽이고 싶더라고요. 남편이 죽든 내가 죽든 어떤 수를 내야겠다 싶었죠. 그러다 퍼뜩 둘 다 잘못되면 아이는 어떻게 하나싶어 신고한 거예요.

─ 위기개입자: 아이가 위험에 처한다는 건 부모로서 엄마로서 참 참기 힘든 상황이죠. 남편에 대한 분노가 크게 느껴지는데, ○○님이 죽든 남편이 죽든 하셨어요. 실제 자살생각이나 남편을 죽이고 싶다는 생각을 하셨나요? 만약 그렇다면 구체적인 생각이나 계획을 세운 적은 있으신가요?

─ 가정폭력피해자: 막연하게 아까는 너무 화가 나서 그런 생각을 했어요. 실제 구체적인 생각이나 계획은 없어요.

─ 위기개입자: 그 정도로 화가 나셨고 아이가 걱정이 되셨던 거네요. 그

럼에도 침착하게 신고하신 건 ○○님을 위해서도 아이들을 위해서도 판단을 잘하신 것 같습니다.

- 가정폭력피해자: 네, 그런데 어떻게 해야 할지 모르겠어요. 좀 더 참았어야 되나 싶기도 하고 남편이 어떻게 할까 걱정도 되고 괜히 긁어 부스럼 만든 건 아닌지 모르겠어요.
- 위기개입자: 네, 가정폭력을 당하는 많은 분들이 자신이 너무 무기력하다는 느낌을 갖거나 그러다 보면 우울해지기도 한다고 합니다. 아무것도 할 수 없고 벗어날 수도 없을 것 같아 절망스럽기도 하죠.
- 가정폭력피해자: 네, 뭐가 달라질까 싶기도 해요. 남편 화만 더 돋운 건 아닌가 싶고.

이해촉진하기 단계(facilitate understanding)

- 위기개입자: 네, 그렇죠, 걱정되실 것 같아요. ○○님이 경험하는 이런 증상들이 일반적이고 정상적인 반응들이라고 생각돼요. 더욱이 자녀들이 위험한 상황에 놓이니 화도 많이 나고 또 두렵기도 하실 것 같습니다. 좀 더 이야기 나누고 싶은데 괜찮으실까요?
- 가정폭력피해자: 네, 괜찮아요.

효과적인 대처권장하기 단계(encourage effective coping)

- 위기개입자: ○○님의 말씀을 듣다보니, 아이들을 위해서 참고 사셨다고 하는데 맞나요?
- 가정폭력피해자: 네, 남편이 원망스럽고 없어졌으면 좋겠다고 생각하지만 사실 남편과 헤어질 용기는 없어요. 헤어지자고 하거나 제가 가출하면 친정에도 해코지 할 것 같고, 아이가 이혼 가정에서 키우고 싶지 않아요, 남편이 양육권을 줄지도 모르는 일이고. 그리고 제가 경제

력이 없어요, 당장 할 수 있는 일이 없고 가진 돈이 있는 것도 아니고 막막하기만 해요. 남편이 좋아졌으면 하는데….

- 위기개입자: 네, 여러 가지 현실적인 문제들 때문에 당장 남편과 이혼을 생각하지는 않고 계시는 것 같은데 맞나요? (네) 그러면 우리가 남편의 폭력으로부터 보호받을 수 있는 방법들을 좀 논의해 봐야겠어요, 괜찮을까요? (네) 이전에 남편의 폭력에서 벗어나기 위해 ○○님이 어떤 것을 시도해 보셨어요?

- 가정폭력피해자: 기분 나빠 보이면 조심하고 저도 최대한 비위를 맞춰주죠. 아이랑 잠깐 나갔다 오기도 하고, 그런데 늘 불안해요. 욕을 한다거나 물건을 던지면 그냥 참았고, 때릴 때는 빌어보기도 하고 그랬어요.

- 위기개입자: 네 그러셨군요. 그러면 어떤 반응이나 대응을 했을 때 남편의 폭력이 줄거나 중단된 적이 있었는지 또는 더 심해졌던 경험이 있는지 생각하실 수 있으세요?

- 가정폭력피해자: 남편의 말이 부당하다고 생각돼서 따진 적이 있어요, 그때 구타가 심해지더라고요. 그 뒤로는 무섭기도 하고 빨리 그 상황이 끝났으면 해서 그냥 참게 돼요.

- 위기개입자: 네, 이후에도 오늘과 유사한 상황이 벌어질 수 있는데 그때 가장 중요한 것은 ○○님과 아이의 안전입니다. 주변에 알려서 필요할 때 도움을 받을 수 있도록 하는 것이 ○○님과 아이를 보호하는 일이며, 남편이 주변을 의식하게 되면 폭력적인 행동을 다소 억제할 수 있도록 할 것 같습니다. 폭력적인 상황이 일어날 것 같으면 남편을 자극하거나 맞서는 상황은 우선 피하시고 주변에 도움을 요청하셨으면 합니다. 그리고 만약을 대비해 피해사실을 남기는 것이 좋은데 오늘처럼 저희에게 신고하시는 것도 방법 입니다.

- 가정폭력피해자: 주변에 말해 본적이 없는데 노력해 볼게요.

- 위기개입자: ○○님이 지금 힘든 부분을 좀 줄이기 위해 어떤 도움이

필요하신가요?

－ **가정폭력피해자**: 남편을 좀 진정시켰으면 좋겠고, 아이와 제가 쉴 공간이 필요해요. 그동안 남편이 없었으면 좋겠어요.

회복/의뢰 단계(recovery / referral)

－ **위기개입자**: 네, 남편과 이야기를 해 보도록 하겠습니다. 힘들고 지쳐 계실 텐데 이렇게 이야기해 주셔서 감사합니다. 저와 이야기 나눈 지금 좀 어떠신지, 궁금하거나 더 하고 싶은 이야기가 있으신가요?

－ **가정폭력피해자**: 와주셔서 감사해요. 별 기대를 안 했는데…. 이런 상황에 대해 처음 이야기해봤어요. 생각보다 좀 안정이 되고 이혼하지 않는 이상 아무런 변화도 도움도 받을 수 없다고 생각했는데 현실적으로 내가 어떻게 행동하는 것이 좋을까 구체적인 생각을 해 봤어요.

－ **위기개입자**: 네, 바로 보셨어요. 어려운 상황에 매몰돼 있을 때 우리는 좀 더 현실적인 대처가 어려울 수 있습니다. 오늘 저와 여러 이야기를 나누시며 그런 혼란스러운 것들이 정리 되고 좀 더 나은 대처방법을 마련할 수 있도록 돕고 싶었습니다. 다른 도움이 필요하시면 원하시는 도움을 받으실 수 있도록 하겠습니다.

2. 아동성폭력 위기영역

 아동성폭력 위기 개입 사례 영상(피해자 어머니)

 아동성폭력 위기 개입 사례 영상(피해자)

◇◇ 씨는 요즘 7살 자녀 ○○의 행동변화에 마음이 쓰인다. 밤에 자다 깨서 우는 날이 종종 있고, 짜증을 자주 낸다. 유치원에서 무슨 일이 있었는지 문의해 봤지만 평소와 다름없었다는 답을 들었다. 크는 과정에 좀 예민해졌나 싶어 시간이 지나면 괜찮아질 거라고 여겼다. 그러나 남자의 성기가 두드러진 아이의 그림을 보고 어떤 일이 일어난 것이고 도움이 필요하다는 사실을 인식하게 됐다. ○○를 통해, 그림 속의 사람이 ◇◇ 씨도 잘 아는 주변 사람 △△라는 것과 아이에게 자신의 성기를 보여주고 만지도록 했다는 것을 알게 됐다. 그 사람을 죽이고 싶을 만큼 화가 나고 아이가 받았을 상처를 생각하면 강한 처벌을 받게 하고 싶다.

※ SAFER-R MODEL 개입

《부모개입》
안정화 단계(stabilize)

－위기개입자: 안녕하세요. 어머니, 저는 위기개입팀의 □□□이라고 합

니다. 저는 오늘 ○○와 어머니를 돕기 위해 노력할 것이고 그 과정은 10분에서 15분가량이 될 것입니다. 마음을 좀 가라앉히기 위한 차나 물이 필요하시면 드릴까요? (네, 감사합니다) 여기서 나눈 이야기는 비밀보장이 원칙입니다. 그렇지만 자신이나 다른 사람을 해칠 위험이 있거나 법과 관련된 사항은 비밀보장 원칙에서 제외사항입니다. 괜찮으시겠어요? (네) 네.

위기인정 단계(acknowledge the crisis)

―위기개입자: 지금 어머니가 어떤 어려움을 겪고 계신지 말씀해 주실 수 있으신가요?

―아동성폭력피해자 보호자: 아이가 얼마 전부터 좀 예민해진 거 같고 짜증을 자주 내서 알아봤더니 △△가 ○○에게 이상한 짓을 시켰더라고요. △△는 주변 사람이거든요. 화가 많이 나고 아이가 그런 일을 당하는 동안 제가 몰랐다는 사실이 너무 후회돼요. 글쎄 △△가 ○○에게 자기 성기를 보여주고 만지게 했다는 거예요. 아이는 아무것도 모르고 △△에 대한 경계 없이 하라는 대로 한 거죠.

―위기개입자: 그런 일이 언제부터 있었는지 혹은 얼마나 지속됐는지 알고 계신가요?

―아동성폭력피해자 보호자: 확실하지는 않지만, △△가 근처로 이사하면서 그 집에 가서 놀다오는 날이 있었는데 그때부터 같아요. 이사 온 게 한 3개월 전이고, 아이 말로는 두 번 정도 그런 일이 있었던 것 같아요.

―위기개입자: 아…. 네, 그렇군요. 이번 일로 ○○에게 어떤 반응을 보이셨는지 어떤 마음이신지 말씀해 주시겠어요?

―아동성폭력피해자 보호자: 아이가 집에 놀러갈 정도로 친하게 지내던 사람이고 믿었던 사람인데 어떻게 이런 일이 내 아이에게 생겼는지 당황스럽고 화가 치밀어요. 아이에게는 내색하지 않으려고 노력하고 위로한다고 했는데 어떻게 했는지도 모르겠어요. 가만히 있다가도 문

<del>
95
</del>

득 생각나고 그 사람한테 화가 나서 미치겠어요.

－위기개입자: 네, 그럼요 화가 나고 당황스러우시죠. 이 일에 대해 남편
도 알고 계신가요?

－아동성폭력피해자 보호자: 네, 남편도 알고 있고 저보다 훨씬 더 화가
난 상황이고 분노를 느끼죠. 우리 아이에게 이런 일이 생길 거라고 생
각이나 했겠어요. 남편이 그 사람을 찾아가기라도 할까 봐 그래서 무
슨 일이 벌어질까 걱정되기도 해요.

－위기개입자: 예쁘고 행복하게만 키우고 싶은 게 부모의 마음이죠. 이런
일이 생겨 분노를 느낀다고 하셨는데, 무슨 일이 벌어질까 봐 걱정되
기도 한다고 하셨고요. 남편이나 어머니께서 혹시 그 사람을 해칠 생
각이나 계획을 갖고 계신가요?

－아동성폭력피해자 보호자: 아뇨, 구체적인 생각은 안 해봤어요. 그만큼
화가 난다는 거죠.

이해촉진하기 단계(facilitate understanding)

－위기개입자: 자녀에게 이런 일이 생기면 부모님은 혼란스럽고 가해자
에게 복수하고 싶거나 울분이 쌓인다고 합니다. 아이를 제대로 보호
하지 못 했다는 후회와 다른 사람들이 알게 되고 수근 거릴까봐 쉬쉬
하기도 하고요. 많은 사람이 어머니의 지금 정서 상태와 비슷한 증상
들을 보인다고 하는데 대부분 정상적인 반응들로 보입니다.

－아동성폭력피해자 보호자: 네, 아이에게는 괜찮다고 하면서도 아직 저
와 남편의 마음에서는 괴로움이 큰 거 같아요.

효과적인 대처권장하기 단계(encourage effective coping)

－위기개입자: 아이의 잘못도 부모님의 잘못도 아니니 너무 괴로워하거

나 자책하지 않으셨으면 합니다. 지금 어머니가 가장 힘들고 어려운 부분이 어떤 것인지 말씀해 주시겠어요?

- 아동성폭력피해자 보호자: 아이가 겪은 상처가 가장 걱정이고, 그 사람을 어떻게 하면 처벌받게 할지 궁금하죠.

- 위기개입자: 네, 그렇죠. 아이가 어떤 상처를 얼마만큼 받았을지 우리가 잘 모르니 더 큰 걱정을 하게 됩니다. 그런데 아이들이 성폭력 피해를 받았을 때 보호자나 주변 사람들이 어떤 반응을 보이느냐가 아이의 회복에 가장 중요한 영향을 미친다고 합니다.

- 아동성폭력피해자 보호자: 아 네….

- 위기개입자: 어머니도 지금 힘든 상황에 계신데, 사건을 덮거나 회피하지 않고 적극적으로 대처하신 건 옳은 결정이고 그 점에 있어서 감사드립니다. 조급하게 생각하지 마시고 아이의 상태에 맞춰 꾸준하게 관심 가지고 사랑을 표현하시면 아이와 가족의 상처가 아물 거라고 생각됩니다.

- 아동성폭력피해자 보호자: 그렇게 됐으면 좋겠어요.

- 위기개입자: 어머니와 남편의 경우에는 이 일로 화가 나시거나 할 때 어떤 방법으로 해결을 하시나?

- 아동성폭력피해자 보호자: 둘이 이야기를 해요. 화가 나서 그 사람에 대한 분노를 쏟아내죠. 그리고 아이에게 어떤 태도를 보여야할지 고민하고 의논하면 좀 나아지는 것 같아요.

회복/의뢰 단계(recovery / referral)

- 위기개입자: 네, 두 분이 함께 이야기 하고 해결방법을 찾아가는 것도 좋은 시도네요. 아이에 대한 염려와 어머니 마음도 힘드신데 이렇게 용기 내 주셔서 감사드립니다. 오늘 개입 후 ○○의 상태에 어떤 변화가 있을 거라고 생각되시나요?

97

- **아동성폭력피해자 보호자**: 잘 모르겠지만, 아이가 그 사건에 대해 이야기하는 거나 태도가 편안해 보였어요.
- **위기개입자**: 네 그렇게 느끼셨군요. 다행이네요. 어머니는 좀 어떠신가요?
- **아동성폭력피해자 보호자**: 다른 사람에게 이야기하게 될 줄 몰랐는데, 위로받은 거 같고 의지가 됐어요.
- **위기개입자**: 궁금하거나 더 이야기 하고 싶은 부분이 있으세요? (아니요, 없어요) 원하시면 지속적인 도움을 받을 수 있도록 전문기관에 의뢰해 드리겠습니다. 그 곳에서 가해자에 대한 처벌이나 ○○와 가족을 위해 좀 더 전문적인 도움을 받으실 수 있을 겁니다.

《아동 개입》
안정화 단계(stabilize)

- **위기개입자**: 안녕, 이름이 뭐야? (○○요) 아, ○○구나 반가워. 나는 □□□선생님이야. 지금 ○○ 기분이 어때? 오늘 선생님이 ○○하고 이야기도 하고 그림도 그리고 싶은데 괜찮겠어?
- **아동성폭력피해자**: 네, 그런데 무슨 그림 그려요?

위기인정 단계(acknowledge the crisis)

- **위기개입자**: 아 그래, 고마워. 그림은 ○○가 그리고 싶은 사람이나 나무 꽃 집 같은 걸 그릴 거야. 어때 할 수 있겠어? 우리 이야기하면서 우유랑 과자 먹을까? (네) ○○야 이 과자 마음에 들어? (네) 우리 이 종이에다가 아까 말한 것처럼 사람이랑 나무랑 꽃, 집 같은…. ○○가 그리고 싶은 거 그려볼까? (네) 와, ○○는 그림을 이렇게 그리는구나, 잘 그렸는데! (그림을 보며) 이 사람은 누구야? (아빠, 엄마) 아, 그렇구나. △△도 있네, △△는 언제 봤는지 기억할 수 있어?

- 아동성폭력피해자: 몰라요. 저번에 봤는데 △△집에 놀러갔었어요.
- 위기개입자: 아 그랬구나, △△집에 놀러가서 뭐하고 놀았을까? 어떤 일이 있었는지 선생님한테 이야기해 줄 수 있겠어?
- 아동성폭력피해자: 예쁘다고 했어요. (그림에서 △△의 성기부분을 가리키며) 여기 만져보라고 해서 싫다고 했는데 억지로 막 만지게 했어요.
- 위기개입자: ○○에게 예쁜 아이라고 하면서 여기를 만져보라고 했구나. 싫다고 했는데 억지로 만지게 해서 ○○ 기분이 안 좋았고 속상했겠다. (네) 많이 속상했는데 엄마나 다른 사람에게 왜 말하지 못했어?
- 아동성폭력피해자: 엄마가 알면 화내고 속상해한다고 말하지 말라고 했어요. 약속도 했는데.
- 위기개입자: ○○가 하기 싫은 일을 억지로 시켜서 힘들었는데 ○○는 △△가 어때?
- 아동성폭력피해자: 엄마는 △△가 나쁘다고 했어요. 그런데 잘 모르겠어요.

이해촉진하기 단계(facilitate understanding)

- 위기개입자: ○○는 △△가 나쁜 사람인지 아닌지 잘 모르겠다고 하는 것 같은데 선생님 말이 맞아? (네, 어떨 때는 친절해요) 아, 그래서 ○○ 마음이 힘들구나. 나쁜 사람 같기도 하고 친절하고 좋은 사람 같기도 해서 ○○ 마음이 힘들었겠다.
- 아동성폭력피해자: 엄마가 그러는데 잠 잘 때 깨서 무섭다고 운데요.
- 위기개입자: 음, ○○가 자다 깨서 울기도 하고 그러나보다. 그래 선생님이 생각해도 그럴 것 같아. 우리 ○○가 잘못한 건 없는데 힘들다 그렇지? (네) ○○야 잘 때 무서워서 깨고 울잖아, 그래도 괜찮아. ○○의 잘못은 아니야. 또 힘들고 속상한 거 있을까?
- 아동성폭력피해자: 모르겠어요. 그냥 짜증이 나요.

효과적인 대처권장하기 단계(encourage effective coping)

- 위기개입자: 그래, 요즘 ○○가 좀 속상하고 짜증도 나고 힘들었잖아. 그럴 때 ○○는 어떻게 해?
- 아동성폭력피해자: 장난감 가지고 놀아요.
- 위기개입자: 그러면 기분이 좀 풀려? (네) 아 그러면 좀 괜찮아지는구나. 또 다른 건 어떤 게 있을까?
- 아동성폭력피해자: 엄마가 안아줄 때도 좋아요, △△가 잘못한 거라고 괜찮다고 했어요. 유치원에서 친구들이랑 스티커 놀이하는 것도 재미있고.
- 위기개입자: 아 그래? 엄마가 안아주시고 위로도 해주셔서 ○○ 기분이 좋아졌구나. 스티커 놀이는 재미있겠는데 선생님도 해봐야겠다. 가르쳐줘서 고마워. (네) 그런데 ○○야, ○○가 요즘 △△ 때문에 힘들었잖아, 다음에 △△나 다른 사람이 둘이만 같이 있자고 하면 어떻게 해야 할까?
- 아동성폭력피해자: 엄마가 조심해야 한다고 절대 같이 가면 안 된대요.

회복/의뢰 단계(recovery / referral)

- 위기개입자: 아 그랬구나. 만약에 저번처럼 그런 일이 있으면 엄마나 선생님에게 지금처럼 말해줬으면 좋겠는데 어때 할 수 있겠어? (네) 그래 고마워. ○○야 오늘 선생님하고 이야기해 줘서 고마워. 지금 좀 어때, 지금도 많이 속상하고 짜증나고 그래? (아니요, 괜찮아요) 선생님한테 궁금한 거 있어? 더 하고 싶은 이야기는?
- 아동성폭력피해자: 없어요. 집에 가고 싶어요.

저자 소개

육성필
고려대학교에서 심리학 석사를 마치고 서울대학교 정신과에서 임상심리학 레지던트 과정을 수료하고 고려대학교에서 임상심리학 박사를 받았다. 로체스터대학교의 자살예방연구소에서 박사후 과정을 하였다. 현재 용문상담심리대학원대학교 위기관리 전공 교수로 재직 중이다.

임영진
용문상담심리대학원대학교 석사 졸업 후 현재 동 대학원대학교 박사 과정 중에 있으며, 한국위기관리심리지원연구소 연구원으로 활동하고 있다.

이지원
용문상담심리대학원대학교에서 위기관리전공 석사를 졸업하였다. 현재 한국양성평등교육진흥원 전문강사 및 국방부 병영생활전문상담관으로 재직 중이다.

위기관리총서 시리즈 5 −현장에서의 위기개입매뉴얼

가정폭력 · 성폭력의 이해와 개입

초판발행	2019년 2월 25일
지은이	육성필·임영진·이지원
펴낸이	노 현

편 집	김명희·강민정
기획/마케팅	노 현
표지디자인	조아라
제 작	우인도·고철민

펴낸곳	(주) 피와이메이트
	서울특별시 금천구 가산디지털2로 53 한라시그마밸리 210호(가산동)
	등록 2014. 2. 12. 제2018−000080호
전 화	02)733-6771
f a x	02)736-4818
e-mail	pys@pybook.co.kr
homepage	www.pybook.co.kr
	979-11-89643-29-4 94370
	979-11-89643-27-0 (세트)

copyright©육성필·임영진·이지원, 2019, Printed in Korea

정 가   6,000원

SERIES OF CRISIS MANAGEMENT

**박영스토리에서 세트 구입시
할인된 가격으로 구입할 수 있습니다.**

◀ 세트 구입 바로가기

94370

ISBN 979-11-89643-29-4
ISBN 979-11-89643-27-0(세트)

9 791189 643294

값 6,000원
www.pybook.co.kr

07

애도의
이해와 개입

현장에서의 위기개입매뉴얼

육성필
박혜옥
김순애

무료 상담 사례
동영상 제공

박영story